Norbert Golluch

Der heitere Affe

Das chinesische Horoskop

Illustriert von Birgit Tanck

Eichborn.

Die deutsche Bibliothek – CIP-Einheitsaufnahme

Golluch, Norbert:
Das chinesische Horoskop / Norbert Golluch. Ill. von Birgit
Tanck. - Frankfurt am Main : Eichborn.
Der heitere Affe. - 1994
ISBN 3-8218-3368-8

Umschlaggestaltung:
Heike Unger, KGB • Kölner Graphik Büro
Satz und Layout: M. Röhle, KGB • Kölner Graphik Büro
Druck und Bindung: Uhl, Radolfzell
ISBN 3-8218-3368-8
Verlagsverzeichnis schickt gern:
Eichborn Verlag, Kaiserstr. 66, D-60329 Frankfurt am Main

1956	*Feuer*	Affe	12. Feb. 1956 - 30. Jan. 1957
1957	*Feuer*	Hahn	31. Jan. 1957 - 17. Feb. 1958
1958	*Erde*	Hund	18. Feb. 1958 - 7. Feb. 1959
1959	*Erde*	Schwein	8. Feb. 1959 - 27. Jan. 1960
1960	*Metall*	Ratte	28. Jan. 1960 - 14. Feb. 1961
1961	*Metall*	Büffel	15. Feb. 1961 - 4. Feb. 1962
1962	*Wasser*	Tiger	5. Feb. 1962 - 24. Jan. 1963
1963	*Wasser*	Katze	25. Jan. 1963 - 12. Feb. 1964
1964	*Holz*	Drache	13. Feb. 1964 - 1. Feb. 1965
1965	*Holz*	Schlange	2. Feb. 1965 - 20. Jan. 1966
1966	*Feuer*	Pferd	21. Jan. 1966 - 8. Feb. 1967
1967	*Feuer*	Ziege	9. Feb. 1967 - 29. Jan. 1968
1968	*Erde*	Affe	30. Jan. 1968 - 16. Feb. 1969
1969	*Erde*	Hahn	17. Feb. 1969 - 5. Feb. 1970
1970	*Metall*	Hund	6. Feb. 1970 - 26. Jan. 1971
1971	*Metall*	Schwein	27. Jan. 1971 - 14. Feb. 1972
1972	*Wasser*	Ratte	15. Feb. 1972 - 2. Feb. 1973
1973	*Wasser*	Büffel	3. Feb. 1973 - 22. Jan. 1974
1974	*Holz*	Tiger	23. Jan. 1974 - 10. Feb. 1975
1975	*Holz*	Katze	11. Feb. 1975 - 30. Jan. 1976
1976	*Feuer*	Drache	31. Jan. 1976 - 17. Feb. 1977
1977	*Feuer*	Schlange	18. Feb. 1977 - 6. Feb. 1978
1978	*Erde*	Pferd	7. Feb. 1978 - 27. Jan. 1979
1979	*Erde*	Ziege	28. Jan. 1979 - 15. Feb. 1980
1980	*Metall*	Affe	16. Feb. 1980 - 4. Feb. 1981
1981	*Metall*	Hahn	5. Feb. 1981 - 24. Jan. 1982
1982	*Wasser*	Hund	25. Jan. 1982 - 12. Feb. 1983
1983	*Wasser*	Schwein	13. Feb. 1983 - 1. Feb. 1984
1984	*Holz*	Ratte	2. Feb. 1984 - 19. Feb. 1985
1985	*Holz*	Büffel	20. Feb. 1985 - 8. Feb. 1986
1986	*Feuer*	Tiger	9. Feb. 1986 - 28. Jan. 1987
1987	*Feuer*	Katze	29. Jan. 1987 - 16. Feb. 1988
1988	*Erde*	Drache	17. Feb. 1988 - 5. Feb. 1989
1989	*Erde*	Schlange	6. Feb. 1989 - 26. Jan. 1990
1990	*Metall*	Pferd	27. Jan. 1990 - 14. Feb. 1991
1991	*Metall*	Ziege	15. Feb. 1991 - 3. Feb. 1992
1992	*Wasser*	Affe	4. Feb. 1992 - 22. Jan. 1993
1993	*Wasser*	Hahn	23. Jan. 1993 - 9. Feb. 1994
1994	*Holz*	Hund	10. Feb. 1994 - 30. Jan. 1995
1995	*Holz*	Schwein	31. Jan. 1995 - 18. Feb. 1996
1996	*Feuer*	Ratte	19. Feb. 1996 - 6. Feb. 1997
1997	*Feuer*	Büffel	7. Feb. 1997 - 27. Jan. 1998
1998	*Erde*	Tiger	28. Jan. 1998 - 15. Feb. 1999
1999	*Erde*	Katze	16. Feb. 1999 - 4. Feb. 2000
2000	*Metall*	Drache	5. Feb. 2000 - 23. Jan. 2001
2001	*Metall*	Schlange	24. Jan. 2001 - 11. Feb. 2002
2002	*Wasser*	Pferd	12. Feb. 2002 - 31. Jan. 2003
2003	*Wasser*	Ziege	1. Feb. 2003 - 19. Feb. 2004
2004	*Holz*	Affe	20. Feb. 2004 - 8. Feb. 2005
2005	*Holz*	Hahn	9. Feb. 2005 - 28. Jan. 2006

INHALTSVERZEICHNIS

MEIN LEBEN DIENT MEINER LUST
UND ICH REITE AUF DEM TIGER,
DER MICH FRESSEN WILL.
MEINE EINFÄLLE ERHEITERN DIE GÖTTER
DIE ICH MIT LIST IN IHRE SCHRANKEN WEISE,
ÜBER DEREN GESETZE ICH LACHE
WIE ÜBER MICH SELBST.

DER AFFE

Der Affe sieht die Existenz als Spiel, in dem alles erlaubt ist, wenn es nur Vergnügen bereitet. Mit immer neuen Einfällen versteht er es, sein Schicksal zu lenken. Souverän und zugleich humorvoll steht er über den Dingen.

DER AFFE IM FERNEN OSTEN

Chinesischer Name	: Hou
Energie	: Yang (Tag, positiv)
Element	: Metall
Die Stunden des Affen	: 15.00 - 17.00 Uhr
Das Motto	: Ich unterhalte
Himmelsrichtung	: Westsüdwest
Monat/Jahreszeit	: August/Sommer
Farbe	: gelb
Duft	: Jasmin
Geschmack	: süß
Gewürz	: Zimt
Baum	: Platane
Edelstein	: Tigerauge
Metall	: Gold
Glückszahl	: 10
Glückstier	: Tiger
Glückspflanze	: Löwenzahn
Ideale Partner	: Ratte, Drache
Der westliche Gefährte	: Löwe

DIE MONDJAHRE

Element	von	bis
Erde	2.2.1908	21.1.1909
Metall	20.2.1920	7.2.1921
Wasser	6.2.1932	25.1.1933
Holz	25.1.1944	12.2.1945
Feuer	12.2.1956	30.1.1957
Erde	30.1.1968	16.2.1969
Metall	16.2.1980	4.2.1981
Wasser	4.2.1992	22.1.1993

Menschenliebe ist das Wesen der Sittlichkeit,
Menschenkenntnis das Wesen der Weisheit.
Konfuzius

DAS CHINESISCHE MONDHOROSKOP

Als Buddha seine körperliche Existenz aufgeben und die Erde verlassen wollte, rief er alle Lebewesen zu sich, um Abschied zu nehmen. Aber nur zwölf Tiere kamen, und um diese Getreuen zu belohnen, übergab Buddha jedem von ihnen die Herrschaft über ein ganz besonderes Königreich: Jedes Tier sollte künftig ein Mondjahr regieren. Denn der chinesische Kalender, der älteste der Menschheit, ist ein Mondkalender. Seither gebieten die zwölf Tiere über die Jahre und das Leben der Menschen:

Die erfolgreiche Ratte

Der zuverlässige Büffel

Der gefährliche Tiger

Die anschmiegsame Katze

Der unerschrockene Drache

Die verführerische Schlange

Das eigensinnige Pferd

Die freundliche Ziege

Der heitere Affe

Der ausdauernde Hahn

Der aufregende Hund

Das bodenständige Schwein

Jeweils fünf Zwölf-Jahres-Kreisläufe, die nacheinander von den Elementen Holz, Feuer, Erde, Metall und Wasser beeinflußt werden, fügen sich zu einem 60-Jahres-Zyklus zusammen.

DER AFFE UND DIE ELEMENTE

Fünf Elemente beherrschen die Mondjahre und damit das Leben aller Menschen. Es sind dies Metall, Wasser, Holz, Feuer und Erde. Ihre Einflüsse „färben" die Charakterzüge der Tierzeichen, verringern deren Stärke, gleichen sie vollständig aus oder verstärken bestimmte, im Tierzeichen angelegte Eigenschaften stark. Die fünf Elemente üben zudem auf unterschiedliche Weise Wirkungen aufeinander aus. Dabei gibt es eine sanfte, ableitende Wirkung und eine starke, beherrschende.

METALL - HART, ABER SPRÖDE

In einem Jahr mit Metalleinfluß geborene Menschen werden stark und charakterfest sein. Sie vertreten feste Ansichten, geben sich ebenso energisch wie strebsam und vollbringen, ausdauernd, wie sie sind, auch höchste Anstrengungen. Metall-Menschen gehen unbeirrbar ihren Weg und sind von Schwierigkeiten und Behinderungen nicht aufzuhalten. Ihr Denken und Handeln richtet sich immer auf ein lohnendes Ziel. Zäh bleiben sie an der Sache und führen diese zu Ende -

wenn sie dabei nicht die Einflüsse ihres Tierzeichens behindern.
Aus der Stärke des Elements Metall erwachsen jedoch auch negative Einflüsse: Starr halten Metall-Menschen an einmal gewonnenen Positionen fest. Auf notwendige Veränderungen reagieren sie wenig flexibel und neigen dazu, ihre Meinungen dogmatisch und unnachgiebig zu vertreten. Doch Vorsicht! Hartes ist häufig spröde und zerbricht unter zu großer Belastung!
Metall-Menschen versuchen ihr Leben mit detailgenauer Planung in den Griff zu bekommen. Ihr ausgeprägter Sinn für materielle Werte und ihre Tendenz zu Macht beschert ihnen Wohlstand, möglicherweise sogar Überfluß. Sie bezahlen dafür mit Einsamkeit: Menschen unter Metalleinfluß sind häufig Einzelgänger und können Hilfe und Unterstützung von anderen nur schwer annehmen.

Wechselwirkungen

Metall formt Gefäße, die das Wasser auffangen und für die Menschen und Pflanzen bereithalten.
Metall schneidet das Holz, und eine Axt aus Metall fällt den stärksten Baum.

Do-it-Yourself: Der Metall-Affe

(1860 - 1920 - 1980)

Er ist der Self-Made-Millionär unter den Affen: In jeder Hinsicht selbständig, bringt er alle Eigenschaften mit, seinen Leben selbst zu steuern: Tatkraft, Fantasie und Realitätssinn. Ob beruflich oder privat: Er haßt es, abhängig zu sein oder auch nur die zweite Geige zu spielen. Seine Ideen und Projekte gelten als ebenso origi-

nell wie praxisbezogen, seine Vorschläge haben Hand und Fuß. Richtschnur aller seiner Handlungen ist jedoch er selbst, was ihn für seine Mitmenschen hart und egoistisch erscheinen läßt. Ob erotisch oder materiell - er weiß hervoragend für sich und seine Belange zu sorgen. Manches Mal bleibt dabei jemand anderes auf der Strecke.
Dieser lebendige, von Leidenschaft und Ehrgeiz durchdrungene Affe ist auch ein anziehender und feuriger Liebhaber und versteht es glänzend, seine Qualitäten an den Mann oder die Frau zu bringen. Er liebt den großen Auftritt. Im Alltag wirken seine Darbietungen und Ausbrüche jedoch manches Mal ein wenig zu theatralisch.

WASSER - SANFT UND STARK

Wasser-Menschen sind mitteilsam und kontaktfreudig. Sie verstehen es, ihre Einstellungen und Ansichten anderen nicht nur durch Worte, sondern auch durch Gesten und weitere Ausdrucksformen der Körpersprache nahezubringen. Ihre Intuition und ihr Gespür für natürliche Abläufe (fließendes Wasser!) und Entwicklungen befähigt sie, ihre Umwelt für sich arbeiten zu lassen. Ihre ruhige Art, Einfluß zu nehmen, tut ein übriges: Wasser-Menschen werden die Fähigkeiten anderer für sich nutzen können.

Auf ihre Umwelt reagieren unter Wasser-Einfluß stehende Menschen offen und flexibel. Doch hier liegt auch ihre Schwäche: Sie vermeiden Konflikte, gehen lieber den Weg des geringsten Widerstandes und beschwichtigen häufig dort, wo Auseinandersetzungen geführt sein wollen. Zudem neigen sie hin und wieder zur Passivität und lassen sich lieber treiben, als selbst aktiv zu werden - wenn die Einflüsse ihres Tierzeichens nicht in eine andere Richtung wirken. Im Regelfall jedoch wirkt dieses Element positiv. Die sanfte, aber wirkungsvolle Kraft des Wassers ermüdet nicht und vollbringt, langsam, aber stetig, unerwartete Dinge: Sie kann förmlich Berge versetzen.

Wechselwirkungen

Wasser fällt als Regen herab und läßt Pflanzen wachsen. Es erzeugt also Holz. Wasser siegt über das Feuer, denn es kann die Flammen auslöschen.

Herrentier mit Maske: Der Wasser-Affe

(1872 - 1932 - 1992)

Ein sanfter, diplomatischer und sympathischer Affe wie dieser im Zeichen des Wassers geborene vermeidet im Umgang mit seiner Umwelt die schroffen Affronts anderer Vertreter seines Zeichens. Wo andere kämpfen, weicht er geschickt aus. Konfrontationen, die eskalieren könnten, kosten ihn nur unnötig Kraft. Auch provozierende Selbstdarstellung unterläßt er - wozu sich Feinde machen? Lieber setzt er seine verkäuferischen Qualitäten ein, um eine Lobby für ein Vorhaben zu gewinnen. Alles in allem vertritt er seine Interessen geschickter und effektiver als andere Affen - eben mit geringeren Reibungsverlusten. Daß er dabei manchmal Umwege gehen muß, stört ihn nicht. Beharrlich überbrückt er auch längere Durststrecken, um ein Ziel zu erreichen. Seine Feinde sollten sich nicht über den Grad seiner Professionalität täuschen lassen.

Holz - lebendig und verwurzelt

Holz-Menschen stehen in der Welt wie ein Baum: selbstsicher und voller Festigkeit. Ihre Wurzeln sind dauerhafte moralische Werte. Dennoch müssen sie nicht als steife Tugendwächter gelten: Ihre Neugier auf alles Unbekannte und ihre Befähigung zu freundlichem Umgang mit anderen machen sie zu beliebten und wertvollen Zeitgenossen. Probleme lösen sich in ihrer Nähe förmlich in nichts auf, denn Holz-Menschen analysieren messerscharf und finden immer einen gangbaren Lösungsweg. Diese beneidenswerte Klarsichtigkeit erlaubt es ihnen, auch in großen Vorhaben den Überblick zu behalten. Als Freunde ungebremsten Wachstums und stetiger Erneuerung können sie zudem Ideen vermitteln und sinnvoll umsetzen. Diese Begabung, gepaart mit einer Anlage zur einfühlsamen Menschenführung, läßt sie für hohe Positionen in Beruf und Politik geeignet erscheinen. Zudem Holz-Men-

schen stehen selten auf einsamem Posten. Mit ihrer Überzeugungskraft und ihrem Optimismus gewinnen sie schnell Verbündete.
Die für Holz-Menschen typischen Gefahren: Die Neigung, alles auf die Spitze zu treiben, raubt ihnen oft unnötig viel Energie. Wenn sie - selten genug - ihre Möglichkeiten überschätzen, versagen sie völlig und reagieren kopflos - wenn nicht die Energien ihres Tierzeichens dem entgegenwirken.

Wechselwirkungen

Holz nährt das Feuer. Ohne Holz kann das Feuer nicht existieren. Holz hält die Erde mit seinen Wurzeln fest und entnimmt ihr, was es zum Wachstum braucht.

Konservativer Innovator: Der Holz-Affe

(1884 - 1944 - 2004)

Dieser auf alles Neue erpichte Affe sammelt Informationen wie andere Telefonkarten - mit dem bedeutenden Unterschied, daß er sie auszuwerten weiß. Geschickt kombiniert er Altes mit Neuem, stellt wichtige Verbindungen her und schafft so neue Ordnungszusammenhänge. Unter seinen Händen wachsen Kinder ebensogut auf wie Firmen zu Konzernen werden. Unermüdlich sucht der Holz-Affe nach innovativen Lösungen und unerforschten Tätigkeitsfeldern, die er beackern kann. Marktlücken motivieren ihn zu großartigen Produktideen. Der materielle Erfolg seines Tuns ist angenehme Nebensache. Glücklich ist der Holz-Affe, wenn er für seine Arbeit Anerkennung der Gesellschaft und einen hohen sozialen Rang erntet - ein Erneuerer mit konservativen Wurzeln.

Feuer - heiss und zerstörerisch

Mit Entschlußkraft und Souveränität treten Feuer-Menschen der Welt gegenüber. Energisch, erfolgsorientiert und -gewohnt, stellen sie häufig den Alleinherrscher in Person dar. Dabei sind sie weder Hochstapler noch Wichtigtuer: Hinter ihrer Erscheinung steht Substanz. Feuer-Menschen zeichnen sich tatsächlich durch ihre Führungsbefähigung aus. Brillant im Intellekt und durchdrungen von glühender Begeisterung bei der Verwirklichung von neuen Ideen, schreiten sie unverzüglich zur Tat - und reißen ihre Mitmenschen mit sich. Besonders empfängliche Personen machen sie vielleicht gar zu Fanatikern.

Ihre Abenteuerlust und ihr Vergnügen an Neuerungen nimmt auf Bestehendes wenig Rücksicht. Im Gegenteil: Feuer-Menschen lieben das Wagnis. Ständig sind sie unterwegs zu neuen, unbekannten Ufern, begleitet von ihren Anhängern, Jüngern und Gefolgsleuten, die sie einfallsreich und geschickt dirigieren. Es bereitet ihnen keine Mühe, Macht auszuüben.

Die Schattenseiten: Feuer-Menschen neigen zu Egoismus und verlieren die Relationen im Umgang mit anderen Menschen. Deren Meinung zählt nur wenig -

schon läuft der Alleinherscher, zwar gewarnt, in eine Falle. Ihre Ungeduld, die Neigung zu Intoleranz und blindem Draufgängertum, ihre Rücksichtslosigkeit werden glücklicherweise meist von den Kräften des Tierzeichens im Zaum gehalten. Verstärken sich jedoch die Einflüsse des Elements Feuer und die Energien des Tierzeichens, kann sogar die Gefahr roher Gewaltanwendung bestehen. Feuer-Menschen können sehr destruktiv sein, wenn nichts ihre Energien zügelt.

Wechselwirkungen

Feuer verwandelt alles in Asche, also in Erde. Es beherrscht das Metall. Das Feuer kann Metall schmelzen und schmiedbar machen.

Von sich selbst gebissen: Der Feuer-Affe

(1896 - 1956 - 2016)

Leider war King Kong kein großes Licht. Der Feuer-Affe jedoch verbindet lebendigen Geist mit beträchtlicher Energie. Das Ergebnis: ein zu großen Taten befähigter Mensch, der Führungsqualitäten besitzt. Leider mangelt es ihm (wie übrigens auch King Kong) an geeigneten Kontrollmechanismen. Ungestüm wie viele Feuer-Menschen schießt er bei seinen Vorhaben manches Mal über das Ziel hinaus. Er tendiert zu Volksreden, erklärt sich ungefragt und verkündet vorschnell kuriose Positionen, über die er besser noch einmal nachgedacht hätte. Da er immer an vorderster Front kämpfen muß, fängt er sich so manches Mal derbe Blessuren ein - das allerdings erstaunlich selten. Niederlagen bremsen ihn kaum, denn sein feuriger Wille stachelt ihn zu immer neuen Wagnissen an, die er allerdings recht gut zu kalkulieren vermag. Wer ihm folgt, sollte sich den Rücken freihalten, weil schneller Rückzug angeraten sein kann. Seine Konkurrenten beneidet der Feuer-Affe, seine Freunde betrachtet er mit Argwohn. Werden Sie ihn verraten?

Erde - auf Nummer sicher

Erde-Menschen gelten als intelligent und um Objektivität bemüht. Sie sehen das Leben aus dem praktischen Blickwinkel, tragen gern und zuverlässig Verantwortung und bewältigen sowohl den Alltag als auch Extremsituationen überaus diszipliniert. Ihre ausgezeichnete Befähigung zu logischem Denken nutzen sie konsequent: Sie konzentrieren ihre Energien auf solide Arbeit und verläßliche Projekte. Nein, Spieler sind sie nicht, eher zuverlässige Arbeiter, aber auch perfekte Planer und Organisatoren. Ihr guter Sinn für das Materielle kombiniert mit der Befähigung, Entscheidungen nach gründlichem Abwägen zu treffen, bewahrt sie davor, sich aufs Glatteis zu begeben. Sie wählen lieber den üblichen, sicheren Weg, der dennoch zu guten Ergebnissen führt. Vom Wesen her auf Beständigkeit bedacht, neigen Erde-Menschen nicht zu Übertreibungen, sondern sehen die Dinge ungeschönt und realistisch.

Darin liegt auch die Gefahr dieses elementaren Einflusses: Erde-Menschen müssen sich mangelnden Einfallsreichtum, fehlende Spontaneität und übertriebenes Sicherheitsdenken vorwerfen lassen. Im alltäglichen Umgang bewähren sie sich als berechenbare und zuverlässige Partner.

Wechselwirkungen

Aus der Erde stammen die Erze, aus denen Metall entsteht. Erde zwingt Wasser in eine Bahn, Dämme und Deiche bremsen seine Gewalt.

Normale Schale, schlauer Kern: Der Erde-Affe

(1908 - 1968 - 2028)

So sehen Affen aus, die in Fernsehserien auftreten: niedlich, brav und immer irgendwie ulkig. Ständig streiten sie sich um Bananen, die sie aber letztlich doch gemeinsam verspeisen. Ist das der Erd-Affe? Ganz so oberflächlich und unkompliziert sind diese bodenständigen Affen nicht. Zwar leben sie unauffälliger und konventioneller als andere Affen. Ihre krampfhafte Sorge um die Legalität ihres Tuns und ihr biederes Ordnungsdenken bringt ihnen den Ruf des Spießertums ein. Doch steckt unter der kühlen Oberfläche ein heißer Kern lebendiger Intelligenz. Erd-Affen geben glänzende Bücherwürmer ab, die Karriere in Forschung und Lehre machen. Auch in der Verwaltung oder im Steuerwesen (Finanzamt) leisten sie - sehr zu unser aller Trauer - Großartiges. Wenn ihr Tun keinen Respekt findet oder gar kritisiert wird, reagieren sie verärgert - mit lästigen Erlassen oder Steuerbescheiden zum Beispiel. In der Familie richten sie weniger Schaden an und sind sozusagen am richtigen Platz - als treusorgende Eltern, die ihre Kinder mit Affenliebe verwöhnen.

Im Sterben hinterläßt der Leopard sein Fell
und der Mensch seinen Namen.

DAS WESTLICHE BILD DES AFFEN

Das Outfit

An ihrer Kleidung zu erkennen sind Affen allenfalls auf den zweiten Blick - an ihrer unauffälligen Eleganz nämlich. Frisur, Make-up (Make-aff) und Garderobe ergänzen sich zu einem Gesamtkunstwerk, das jedem Menschen sofort sagt: Ha! Da habe ich einen eitlen Affen vor mir!

Das Auftreten

Er inszeniert seinen Auftritt gekonnt, vermeidet aber unnötige Gags und Knalleffekte. Alles in allem versucht er, einen Eindruck von Vertrauenswürdigkeit und Gediegenheit zu vermitteln - wie alle potentiellen Betrüger. Sarkasmus beiseite: Die auf den ersten Blick besonders seriösen und gesetzten Personen sind meistens die Affen.

Das Verkehrsmittel

Das (deutsche) Sprichwort sieht ihn als den Affen auf dem Schleifstein. Eigentlich ist es dem Affen gleichgültig, welches Fahrzeug ihn von A nach B bringt - Hauptsache es ist teuer, kurios und fällt auf. Vermutlich würden Affen afrikanische Automarken bevorzugen, wenn es solche gäbe. Technisch begabte Affen konstruieren sich ihr eigenes Fahrrad („Drahtesel Custom 2000 CX“).

Der Computer

Affen beherrschen letztlich jedes Computersystem. Da sie Idee und technische Lösung miteinander verbinden können, oft auch zu überraschenden Zwecken - zum Beispiel um morgens die Kaffeemaschine einzuschalten oder regelmäßig den Kanarienvogel zu füttern...

Der Techno-Hit

Traum jedes Trickbetrügers ist der Farbkopierer. Sie wissen schon wozu. Weniger kriminelle Affen brauchen eine Videokamera - um regelmäßig ihre niederschmetternde Gesamtwirkung auf andere zu überprüfen.

Der Lieblingsfilm

Englische Detektivkrimis oder Spionagefilme genießen Affen schon deshaslb, weil sie bereits nach fünf Minuten wissen, wer der Mörder ist und es allen erzählen müssen. Der Riesenaffen-Kino-Hit „King Kong und die weiße Frau" deprimiert Affen eher - besonders das Unhappy End.

TV - Der Affe vor der Kiste

Populärwissenschaftliche Sendungen kommen bei Affen immer an. Sie beflügeln ihre Fantasie und regen sie zu immer neuen Erfindungen an. Am liebsten sehen Affen Talkshows, in denen sie selbst auf dem heißen Stuhl sitzen.

Das Lieblingsbuch

Biographien großer Erfinder und begnadeter Hochstapler machen Affen kolossal an. Weitere Hits: „Aus dem Leben eines Taugenichts" von Joseph von Eichendorff und „Bekenntnisse des Hochstaplers Felix Krull" von Thomas Mann.

Jet oder Fahrrad? Das Urlaubsziel

Wer Affen auf einem Bananentransporter in den Dschungel reisen sieht, befindet sich massiv im Irrtum. Allerdings lieben Affen in der Tat Seereisen, weil sie ihnen genügend Möglichkeiten zur Selbstdarstellung bieten. Ebenso beliebt bei Touristen des Zeichens Affe: Abenteuer-Tours von beknackten Zigarettenherstellern, die man erst gewinnen und dann auch noch überleben muß.

Das Vorbild

Typisch männliche Affen: Leonardo da Vinci (15.4.1452), Maler und Berufsgenie und Erfinder im Nebenjob sowie Otto Lilienthal (23.5.1848), deutscher Ingenieur und Flugpionier. Weibliches Idol: Bette Davis (5.4.1908), äußerst präsente Darstellerin und Sängerin.

Drei Arten von Menschen gibt es,
mit denen es gut ist, Umgang zu pflegen:
Die innerlich Starken,
die Aufrichtigen und die,
welche viel gelernt haben.

Updidu, I want to be like you...

DAS WESEN DES AFFEN

Der erste Eindruck

ist (fast) immer falsch, denn Affen bemühen sich um eine solide Ausstrahlung. Man würde ihnen alles abkaufen - jede Geschichte und jeden Gebrauchtwagen. Erst wenn man eine Staude Bananen mit ihnen gegessen hast, lernt man sie wirklich kennen...

Energie und starkes Ego

DER CHARAKTER DES AFFEN

Der Primat unter den Tierzeichen des chinesischen Mondkalenders ist sich seiner Sonderstellung bewußt: Sein Selbstwertgefühl ist so ausgeprägt, daß es schwer ist, diesem Egomanen Zweifel an seiner eigenen Person nahezulegen. Wenn er an etwas glaubt, dann an sich selbst, und das felsenfest. Wenn man seine Person näher betrachtet, findet man heraus, daß er tatsächlich Grund hat, stolz auf sich selbst zu sein - auch wenn er es manchmal doch übertreibt. Seine intellektuellen Begabungen sind beachtlich und werden von seiner stark ausgeprägten Fantasie unterstützt. Der Affe tüftelt kuriose Lösungswege aus, erfindet verrückte, aber durchaus brauchbare Maschinen, und das auch dann, wenn er nur drei Konservendosen und ein paar Büroklammern zur Verfügung hat. Improvisation ist sein ganz besonderes Talent.

Seine zweite Stärke ist der Bluff. Geschickt baut er aus den vorhandenen Fakten ein Gesamtbild nach seinem Geschmack auf, dessen Fehler er geschickt kaschiert. Diesem Gauner gelingt es, Fünfe gerade sein zu lassen oder ein Pleiteunternehmen als florierende Firma darzustellen. Klar, daß er beim Pokern ständig gewinnt - mit einem Zweierpärchen. Als wichtiges Mittel bei diesen Machenschaften setzt er seine gewinnende Ausstrahlung ein, die jedermann sofort bemerkt und gegen die es kaum eine Gegenwehr gibt. In Kombination mit seiner unter der Oberfläche wirkenden Arglist eine wirkungsvolle Waffe.

Dennoch ist der Affe kein Schwerverbrecher oder notorischer Betrüger. Er kann nicht einmal als skrupelloser Egoist bezeichnet werden, denn es steckt keine böse Absicht hinter seiner Ichbezogenheit. Der Affe glaubt von Geburt an, besser zu sein als andere Menschen, und er muß einfach sein wie er ist. Es fällt ihm eben nicht im entferntesten ein, an sich selbst zu zweifeln. Eigentlich ist er in seiner Selbstüberschätzung sogar naiv und staunt manchmal in fast kindlicher Begeisterung selbst, wie gut er ist.

Ein niedliches Wunderkind, dem man nichts übelnehmen kann, ist der Affe sicher auch wieder nicht. Nein, der Bursche greift clever nach den besten Gelegenheiten, paßt sich beweglich den Verhältnissen an und wird zum Wegbereiter neuer Lehren und Verfahren - wenn er sich einen Vorteil davon verspricht. Besonders dann, wenn die zu erwartenden Erträge hoch sind, kann er außerordentlich eigennützig handeln und anderen jeden noch so geringen Anteil neiden.

Viele andere Tierzeichen sehen den Affen als Streber und widerlich fleißigen Klassenbesten. Probleme jeden Schwierigkeitsgrades sind für ihn Bagatellen, und auf neue Anforderungen reagiert er blitzschnell. Das läßt ihn für weniger effektive und erfolglose Mitmenschen unangenehm perfekt und arrogant erscheinen. Sie haben damit keineswegs unrecht, denn er schätzt seine Mitmenschen nicht sonderlich hoch ein.

Affen gelten als überaus strebsam und sollen stets hochfliegende Karrierepläne haben. Sie tragen diese aber, ebenso wie ihre sonstigen Wünsche und Gefühle, nicht zur Schau, weil dies ihre Position im Kampf ums Dasein schwächen würde. Sie handeln nach dem Grundsatz: Ein heimlich verfolgtes Ziel kann leichter erreicht werden. Außerdem kommt ihnen niemand bei ihrer Planung in die Quere, was gewagte Winkelzüge und sehr langfristige Strategien möglich macht.

Wen wundert es, daß Affen im *struggle for life* die Erfolgreichsten sind und Wohlstand, Anerkennung oder Einfluß schnell und in Hülle und Fülle erreichen können - auch wenn nicht alles immer mit rechten Dingen zugeht.

Auch in Hinsicht auf seinen Erfolg verhält sich der Affe nicht eben diplomatisch seiner Umwelt gegenüber. Auf ihn trifft das chinesische Sprichwort präzise zu: „Arm zu sein, ohne zu klagen, ist leichter, als reich zu sein, ohne zu prahlen." Mit dreistem Behagen feiert er seine meisterhaften Großtaten - keine Spur von dezenter Zurückhaltung oder Bescheidenheit. Rücksichtslos feiert er seine Erfolge. Angriffe und Vorwürfe wegen seines unverfrorenen Benehmens prallen wirkungslos an seinem dickhäutigen Ego ab. Jeder bekommt eben, was er verdient hat.

In Phasen, in denen der Affe diese Facette seiner Persönlichkeit in den Vordergrund kehrt, wird es diesem Ekelpaket nicht leichtfallen, Freunde und Vertraute zu finden. Wenn er hingegen der ebenso witzige und geistvolle Spaßmacher ist, kann er durchaus jedermann Liebling sein - für eine Weile. Niemand wird ihm allzu lange schmollen, denn der Affe wickelt alle immer wieder um den Finger - auch wenn sie eben noch sehr unter ihm und seinen Marotten zu leiden hatten. Ihn kümmert es ohnehin kaum, was andere von ihm denken. Er findet sich gut - das genügt. Eine Beliebtheitskrise kann ihn kaum beeindrucken.

Eher kommt er in psychische Bedrängnis, wenn er sich mit anderen in seinen Leistungen vergleicht. Der Affe muß als Benchmarking-Fanatiker gelten, und „objektiv" gemessene Werte sind ihm heilig. Wenn er in einem solchen Leistungsvergleich den Kürzeren zieht, wurmt ihn dies mächtig. Er wird nicht ruhen, bis er selbst die Höchstleistung überboten hat und wieder der Rekordinhaber ist - so ihm dies überhaupt möglich ist.
Fühlt er sich gar vom Leistungsstandard anderer herabgesetzt, so greift er auch schon einmal zu unsauberen Mitteln, um „den Fehler zu korrigieren": Seine Gewissenlosigkeit in solchen Angelegenheiten kann erschreckend sein.

Ein anderer Trick, um sein angeknackstes Ego in puncto Leistung aufzuwerten: Er prahlt mit seinen Fähigkeiten auf anderen Gebieten (solchen, auf denen ein Vergleich zur Zeit nicht möglich ist), daß sich die Balken biegen.

Womit wir bei seiner sprachlichen Begabung angelangt wären: Er kann sich nicht nur selbst verkaufen wie ein

Marktschreier, sondern versteht es in allen Lebenslagen, einen passenden Ton anzuschlagen. Der einzige Fehler in seiner lingualen Begabung ist immer derselbe: Stets dreht er die Lautstärke seines Organs etwas zu weit auf und vergreift sich auf der Skala der Bewertungen um einige Grade nach oben.

Ob die folgende Befähigung ein positiver Umstand ist oder eher in die Kategorie Fehler fällt, mag jeder selbst beurteilen: Affen können maßlos wißbegierig sein. Nichts bleibt unversucht, kein Dschungel unerforscht und kein Schleichpfad unbegangen. Leider greift diese Neugierde auch auf den sozialen Bereich über, und besonders verwegene Affen bespitzeln ihre Nachbarn unentwegt.

Das auf dem Wege der Beobachtung erworbene Wissen nutzt der Affe als kühler und überlegener Taktiker: Er schmiedet im Voraus Pläne für alle möglichen Fälle, die eintreten könnten. Kein streitsüchtiger Nachbar hat eine Chance - der Affe schlägt nur einmal in seiner Datenbank nach („Aha! 15.2.94 - 16.03 Uhr: Nachbar fertigt auf seinem PC Raubkopie von WORD 7.0 an!") und beginnt mit seinem unwiderstehlichen Rachefeldzug. Seine Lebenstüchtigkeit ist ebenso prächtig ausgeprägt wie sein Selbstbewußtsein. Kombiniert mit seiner Erfahrung und praktischen Psychologie, erweisen sich diese Eigenschaften als wirksamer Schutz vor Schaden.

Also, liebe Nachbarn, hüten Sie sich davor, mit einem Affen in den Clinch zu gehen! Er wird sie am ausgestreckten Arm verhungern lassen und Ihnen zudem ein fieses Ding reinwürgen, an dem Sie lange zu kauen haben. Affen sind nämlich ausgesprochen rachsüchtig.

Neben all diesen netten Streitigkeiten und Fisimatenten finden Affen auch noch die Muße, einigen Steckenpferden nachzugehen. Sie sammeln Briefmarken, starten Modellflugzeuge oder züchten niedliche Hausgefährten - vermutlich mit Vorliebe Stinktiere, Kampfhunde und Krokodile. Affen besitzen nämlich einen ausgeprägten schwarzen Humor und neigen zum Hohngelächter.

Affen sollen gewissenlose, ja asoziale Mieslinge sein, meinen Sie? Bewahre! Einmal in sechs Monaten bricht eine nicht zu stoppende Woge der Philantropie aus ihnen hervor (Das hat nichts mit Briefmarken zu tun, Sie Töffel!) und sie beglücken die Menschen mit milden Gaben bis zum Abwinken. Schlechtes Gewissen? Selbstwertkrise? Wir wissen es nicht. Aber mal ernsthaft: Affen sollten wirklich versuchen, ein wenig freundlicher mit ihresgleichen umzugehen.

Die chinesischen Aszendenten:

DER EINFLUSS DER GEBURTSSTUNDE

Wie der Aszendent im Sonnen-Horoskop, so nimmt der Weggefährte im chinesischen Horoskop eine wichtige Rolle ein. Auch er wird bestimmt durch die Geburtsstunde. Der Einfluß des Weggefährten auf ein Tierzeichen kann sehr stark und prägend sein. Besonders die aktive oder passive Qualität der Tierzeichen wirkt beim Weggefährten mit und bestimmt, ob ein Mensch seinem Lebenslauf eher erduldend oder handelnd gegenübersteht:

Ratte	aktiv	23.00 Uhr - 1.00 Uhr
Büffel	*passiv*	1.00 Uhr - 3.00 Uhr
Tiger	aktiv	3.00 Uhr - 5.00 Uhr
Katze	*passiv*	5.00 Uhr - 7.00 Uhr
Drache	aktiv	7.00 Uhr - 9.00 Uhr
Schlange	*passiv*	9.00 Uhr - 11.00 Uhr
Pferd	aktiv	11.00 Uhr - 13.00 Uhr
Ziege	*passiv*	13.00 Uhr - 15.00 Uhr
Affe	aktiv	15.00 Uhr - 17.00 Uhr
Hahn	*passiv*	17.00 Uhr - 19.00 Uhr
Hund	aktiv	19.00 Uhr - 21.00 Uhr
Schwein	*passiv*	21.00 Uhr - 23.00 Uhr

Nicht in den Worten suche die Wahrheit,
sondern in den Augen.

Auf die Begleitung kommt es an!

Der Affe und seine Weggefährten

Geburtsstunde 23.00 Uhr - 1.00 Uhr

Weggefährte Ratte

Ein erfolgreiche und zugleich lebenslustige Kombination: Die Eigenschaften der Ratte harmonieren bestens mit denen des Affen. Geschäftlich wird der Ratten-Affe mit geradezu gerissenen Strategien agieren. So kommt es. daß er sich das Leben auch leisten kann, das beide Zeichen sich wünschen: Wohlstand, Spaß und hin und wieder einmal über die Stränge schlagen. Alles im Rahmen einer glücklichen Familie, versteht sich...

Geburtsstunde 1.00 Uhr - 3.00 Uhr

Weggefährte Büffel

Für einen Affen denkt dieser ungewöhnlich konventionell, oder er verkneift sich seine kuriosen Einfälle und gibt nur Alltägliches preis. Immerhin ist es nicht ganz so gefährlich, mit ihm Geschäfte zu machen, weil er keine fiesen Klauseln ins Kleingedruckte einbaut, sondern lieber saubere Vereinbarungen trifft.

Geburtsstunde 3.00 Uhr - 5.00 Uhr

Weggefährte Tiger

Ein Tiger, der vom wilden Affen gebissen ist - oder ein Affe mit Raubtier-Mentalität. Auf jeden Fall kein ruhiger und schon gar kein langweiliger Mitmensch. Seine Abenteuerbereitschaft und sein Optimismus grenzen ans Unglaubliche. Man sollte es sich gründlich überlegen, ob man sich auf Aktivitäten einläßt, die er vorgeschlagen und geplant hat. Irgendwo lauert immer eine Katastrophe, denn der Tiger-Affe braucht Nervenkitzel.

Geburtsstunde 5.00 Uhr - 7.00 Uhr

Weggefährte Katze

Ein sanftes, stilles, aber keineswegs unsicheres Äffchen, dessen sensitive Fähigkeiten beachtlich sind. Dominiert der Affe, entwickelt das scheinbar tiefsinnige Wesen Katzen-Affe eine gemeine Art von Tücke, die wegen ihrer unauffälligen Wirkungsweise um so dramatischere Erfolge erzielt.

Geburtsstunde 7.00 Uhr - 9.00 Uhr

Weggefährte Drache

Ein Affe, der häufig über das Ziel hinausschießt, das penible Planen übertreibt und vor lauter Ehrgeiz nicht mit gewissen natürlichen Grenzen - auch seiner Person - rechnet. Er überschätzt sich und seine Möglichkeiten, was weder seiner Gesundheit noch seinem Kontostand guttut.

Geburtsstunde 9.00 Uhr - 11.00 Uhr

Weggefährte Schlange

Ein besonders gerissener Affe, dessen Gedankengänge das Universum aus den Angeln heben könnten, wenn er dies wollte. Meist richtet er seine beachtliche Denkfähigkeit auf sinnvollere Ziele und erreicht, was immer er auch in Angriff nimmt, viel. Feinde und Gegenspieler wehrt er mit links ab, denn er verfügt über zweierlei Waffen: den Verstand des Affen und das Gift der Schlange. Eine tödliche Kombination.

Geburtsstunde 11.00 Uhr - 13.00 Uhr

Weggefährte Pferd

Noch ein Exemplar aus der Spezies der wirklich wilden Affen: Der Pferde-Affe ist immer in Bewegung, wechselt Aussehen, Ansichten und Lebensziele mit den Jahreszeiten oder gar mit dem Wetter und legt sich seine Welt zurecht, wie er sie gerade braucht. Dieser Mensch ist nicht der Ruhepunkt in einer stabilen Beziehung!

Geburtsstunde 13.00 Uhr - 15.00 Uhr

Weggefährte Ziege

Ein launenhafter, ein wenig zurückgezogener Affe sanfterer Ausstrahlung, der lieber an der Ausarbeitung seiner Ideen arbeitet als seine Mitwelt aufs Glatteis zu führen. Seine Tricks und Schliche werden eher Scherze als ernstgemeinte Betrügereien sein.

Geburtsstunde 15.00 Uhr - 17.00 Uhr

Weggefährte Affe

Der Doppel-Affe gehört eigentlich in den Zoo! Denn dieses massiv lebensbejahende Energiebündel kann sanftere Gemüter schon durch seinen Auftritt aus dem Gleichgewicht bringen. Weder geistig noch körperlich ist es möglich, seiner habhaft zu werden, denn er entwindet sich jeder Argumentation und entkommt auch leibhaftig allen Krisensituationen. Zum Dank unterhält er seine Umwelt mit haarsträubenden Scherzen, denn er besitzt einen mitreißenden Humor.

Geburtsstunde 17.00 Uhr - 19.00 Uhr

Weggefährte Hahn

Kein „bürgerlicher Affe", sondern ein begabter Exzentriker, der seinen Ideen mit zahlreichen klugen Schachzügen Gehör verschafft und so manche Unmöglichkeit durchsetzt. Dabei wendet er seltener als andere Affen illegale Tricks an, sondern bleibt auf dem Teppich zwischenmenschlich korrekter Beziehungen.

Geburtsstunde 19.00 Uhr - 21.00 Uhr

Weggefährte Hund

Ein trocken-sarkastischer Affe mit Sinn für den Alltag und praktischen Erwägungen durchaus aufgeschlossen. Er setzt seine strategische Begabung auch hin und wieder ein, um Freunden und Bekannten zur Hilfe zu kommen. Diese Eigenschaft und seine fröhliche Lebensart verschaffen ihm Anerkennung und einen großen Bekanntenkreis.

Geburtsstunde 21.00 Uhr - 23.00 Uhr

Weggefährte Schwein

Ein lustvoller und beweglicher Affe, der auch einfachen Überlegungen zugänglich ist und nicht ständig über den Dingen zu stehen glaubt. Er muß nicht alles und jeden gehässig kommentieren, sondern kann auch schon mal im Strom mitschwimmen. In materiellen Fragen denkt er sehr direkt und immer in bar.

Wer mich ins Gesicht beschimpft,
kann doch ein ehrbarer Mann
und mein Freund sein.

Witzig, frech und bester Laune

DER AFFE UND SEINE MITMENSCHEN

Trotz seiner manchmal übeheblichen Einstellung ist der Affe ein sehr soziales Wesen, das auf Kontakt und Kommunikation angewiesen ist - schon zur Abgrenzung und Festlegung der eigenen Position. Dabei wirkt er auf die Menschen, die mit ihm in Berührung kommen, wie ein starker Kaffee: Seine Offenheit, positive Ausstrahlung und geistige Aktivität regen andere zu ähnlicher Grundhaltung an. Seine kritischen Einwürfe reizen zu Widerspruch und bringen Diskussionen auf den Punkt. Und: Affen bringen Schwung in jede Fete - auch erotisch...

AUSSEN SEXY - INNEN DISTANZIERT

DER AFFE UND DIE LIEBE

Kontakte zu knüpfen fällt Affen nicht schwer. Als begeisterte Nachtschwärmer und Partylöwen stehen sie ständig mitten im Trubel. Ihre Geistesblitze beeindrukken viele, und schon bald umschwirren die Verehrer - ob männlich oder weiblich - den Partyaffen wie die Motten das Licht. Der Affen-Mensch sonnt sich im eigenen Glanz, genießt die freie Auswahl und pflückt hin und wieder einen Leckerbissen aus dem Überangebot.

Äffinnen haben es sogar noch leichter als ihre männlichen Kollegen, denn sie gelten nicht nur als geistvoll, sondern auch als paradiesisch schön (Geschmackssache!). Da sie hin und wieder auch dazu neigen, eine Festivität zur Abendveranstaltung zu machen und die Gäste durch einen Auftritt zu erfreuen (Striptease? Bauchtanz?), sehnen sich alle anwesenden Männer bereits nach Minuten nach diesem Wunderweib. Die Affen-Frau behält stets die Initiative und wählt ihren Favoriten aus. Anmacher haben nur Erfolg, wenn sie bereits offene Türen einrennen, was selten ist, da Affen-Frauen dumpfe Machos hassen.
Auf dem Liebeslager leisten beide Affengeschlechter Beachtliches, denn sie sind leidenschaftliche, spontane und zärtliche Liebhaber, die immer auch dafür sorgen, daß sie selbst nicht zu kurz kommen. Aber was dann?
Soviel zur Kontaktaufnahme und zur Feier der Liebesriten, bei denen alles bestens verläuft. Doch nun beginnen komplexere Abläufe.
Wie soll es weitergehen? Kann der Affe diesem wildfremden Menschen neben ihm Vertrauen schenken,

er, der Inbegriff des Mißtrauens? Was, wenn der Liebespartner genauso trickreich und gerissen wie der Affe selbst ist? Nicht vielen Partnern wird es gelingen, wirkliche Nähe herzustellen, denn Affen-Menschen lassen diese nur sehr selten zu. Es kann schon dauern, bis ein Affe eine dauerhafte Partnerschaft eingehen kann.

Auch der Elefant verwickelt sich in ein Frauenhaar.
Auch die Spinne geht einmal ins Netz.

Beziehungskisten

AFFEN UND IHRE PARTNER

Die zwölf möglichen Kombinationen

Symbiose: Affe - Ratte

Sie beziehen die Schubkraft ihrer Verbindung aus gegenseitigem Verständnis und Bewunderung. Die Ratte bewundert den Charme und die verblüffenden Einfälle des Affen, während der Affe die Dynamik und Konsequenz der Ratte in Gelddingen schätzt. Durch die Fähigkeit des Affen zu großen Entwürfen und Utopien kann die Ratte im Geschäftsleben entscheidende Anregungen finden. Fehler und kleine Ausrutscher bis hin zum veritablen Seitensprung verzeihen sie sich locker, und jeder versteht es, dem anderen das Gefühl von Geborgenheit und Anerkennung zu vermitteln. Aus dieser Sicherheit gewinnt der Affe eine Ruhe und Gelassenheit, die ihm sonst keine andere Beziehung beschert. Ein Verhältnis, das von Dauer sein kann und dem beide Partner immer neue Reize abgewinnen können...

Im Paradies: Geraldine Chaplin (Affe) und Charles Aznavour (Ratte)

Hornochse im Affenhaus: Affe - Büffel

Der Affe ist so flink, daß der Büffel einen Gutteil seiner Aktivitäten überhaupt nicht mitbekommt. Dennoch beargwöhnt er den Primaten immer und kann kein rechtes Vertrauen fassen. Zurecht, denn die Tricks, welche Affen auch gegenüber ihren Partnern zur Anwendung bringen, können schon ziemlich haarsträubend sein. Auch dem Affen ist das langsame Wesen Büffel nicht immer recht geheuer. Zudem vermißt er, der gefühlsselige Selbstdarsteller, Zuwendung und echte emotionale Tiefe.

Den Partner immer fest im Blick: Björn Borg (Affe) und Margaret Thatcher (Büffel)

Grabenkrieg: Affe - Tiger

Zwei starke Zeichen, die sich manches Mal gegenseitig die Wurst vom Brot nehmen wollen. Es ärgert den Tiger maßlos, wenn er in die geschickt gestellten Fallen des Affen tappt, dessen Klugheit und Gerissenheit er wenig entgegenzusetzen hat. Seine Demonstrationen der Stärke imponieren dem Affen nämlich gar nicht. Der Affe kann es nicht dulden, vom Tiger kalt-

gestellt zu werden, wenn dieser alle Aufmerksamkeit der Außenwelt für sich beansprucht. Sollte es zu einer erotischen Attraktion zwischen beiden kommen, so liegen sie sich schon nach kurzer Zeit in befestigten Stellungen gegenüber und schleudern sich Schimpfworte entgegen.
Im Sperrfeuer: Buster Keaton (Affe) und Marilyn Monroe (Tiger)

Notlösung: Affe - Katze

Der wilde und lustige Affe und die empfindsame, stille Katze - kann das gutgehen? Vielleicht ergibt sich eine gute Verbindung, wenn beider Weggefährten und Elementeneinflüsse die Beziehung verbessern. Ohne diese Unterstützung entsteht eher eine mittelmäßige bis unterdurchschnittliche Verbindung ohne Gefühlshöhepunkt, aber belastet von einer Unzahl Reibereien. Da beide sehr empfänglich für die Regungen anderer Menschen sind, durchschauen sie sich, stoßen dabei aber auf nichts als Widersprüche. Letztlich akzeptieren sich beide Partner nicht, weil die Vorbehalte gegeneinander unüberbrückbar sind.
Keine gute Prognose: Elizabeth Taylor (Affe) und Joseph Stalin (Katze)

Dream-Team: Affe - Drache

Unwiderstehlich fühlt sich der Drache zum Affen hingezogen, und, was noch besser ist, der Affe zum Drachen. Die beiden lieben und verstehen sich, der Affe bewundert sein stolzes Ungeheuer (mit einem Augenzwinkern), während der Drache der erotischen Ausstrahlung des Affen verfallen ist (und das dreimal täglich). Die rauschenden Feste, welche beide ausrichten,

gehen in die Annalen der Klatschpresse ein, und in ihren Liebesnächten wackeln ganze Häuserblocks (5,5 auf der nach oben offenen Trichter-Skala). Und das Schönste: Ihre guten Vibrationen strahlen auf ihr Umfeld ab!
Im Paradies der Leidenschaften: Jane Mansfield (Affe) und Frank Sinatra (Drache)

Ehrgeiz contra Lustprinzip: Affe - Schlange

Während der Affe auf allen Bäumen des Urwaldes herumflippt, sein Vergnügen sucht und die Leute neckt, sitzt die Schlange am Schreibtisch, plant Projekte, brütet Strategien aus, um zu ihrem großen Ziel zu gelangen: Erfolg. Der Affe hat seines schon erreicht: Spaß! Das macht ihn seiner Partnerin suspekt, und sie unterstellt ihm nicht nur Faulheit, sondern immer wieder auch Seitensprünge. Der Affe findet eine solche nörgelnde Stubenhockerin wie die Schlange langweilig.
Arktisches Paar: Mao Tse Tung (Schlange) und Bette Davis (Affe)

Grabenkämpfe: Affe - Pferd

Was in Liebesrausch und Leidenschaft beginnen mag, wendet sich schnell zur Dauerkrise: Beim zweiten Hinsehen nehmen sich Affe und Pferd ihre allzu große Ähnlichkeit übel und verlieren leicht die anfängliche gegenseitige Bewunderung. Statt sich zu lieben, greifen sie schnell ins beziehungstötende Waffenarsenal. In der Wahl ihrer Kriegswerkzeuge unterscheiden sie sich nicht groß: Der Affe versucht es mit fiesen Tricks und einer massiven Portion Hinterlist, während das Pferd mit allen Wassern gewaschen auf Bluff und einschläferndes Vertretergequassel setzt, um den anderen fertigzumachen. Prognose: ziemlich übel.
In Zank und Streit: Walter Matthau (Affe) und Janis Joplin (Pferd)

Der reinste Affentanz: Affe - Ziege

Der Affe geht mit der Ziege um wie ein ungeschicktes Kind mit einem Schmetterling. Ergebnis: ausgerissene Flügel. Nein, so läßt sich die Ziege nicht austricksen und für die Interessen ihres Gegenübers benutzen. Ihre Wünsche nach Wärme und Wahrheit prallen an der schlüpfrigen Fassade des Trickbetrügers Affe ab, der seine Eroberung nach Strich und Faden ausnutzt und den Wert dieses stillen Juwels gar nicht erfassen kann.
Unsymmetrisch: Isabel Adjani (Ziege) und Joe Cocker (Affe)

Brain-Trust: Affe - Affe

Ihre gemeinsamen geistigen Fähigkeiten sind beachtlich. Leider setzen sie diese sehr häufig ein, um sich gegenseitig das Leben zur Hölle zu machen - für zwei

Affen auch eine Art, sich Liebe und Bewunderung zu zeigen. Ihre Denkapparate rosten in einer solchen Konstellation auf keinen Fall ein. Wenn äußere Gegenheiten die beiden Erz-Egoisten zur Zusammenarbeit zwingen, zeigt sich erst wirklich, welches Potential in ihnen steckt. Gemeinsam sind sie unschlagbar! Affen-Liebe: Herbert von Karajan und Diana Ross (beide Affen)

Stimmt die Hackordnung? Affe - Hahn

Wer ist der Boß? Während der Hahn den Kontroletti mimt, praktiziert der Affe provokant antiautoritäre Erziehung. Beide wissen, was sie wollen, aber selbst wenn es das gleiche wäre, wäre es noch lange nicht dasselbe. Da fliegen Fellfetzen und Federn, und bis die beiden geklärt haben, wer der Boß im Hühnerhof oder

der Anführer im Affenstall ist, ist diese Verbindung längst wieder auseinandergegangen.
Gerangel: Bette Midler (Henne) und Theodor Heuss (Affe)

So lala: Affe - Hund

Vielleicht ist der Hund eine Weile ganz angetan von der schillernden Figur, die er sich da eingefangen hat (oder sie ihn). Auf Dauer kollidieren die Machenschaften des Affen mit dem Denken des Gerechtigkeitsfanatikers Hund. Der Affe ist ja genau der linke Typ, den der Hund immer bekämpft hat! Auch dem Affen kommt der häusliche Kläffer vielleicht eines Tages langweilig vor mit seinen Fernsehabenden, Kegelklubs und Veteranentreffen...
Zweifelsfall: Edward Kennedy (Affe) und Madonna (Hund)

Saustall? Affe - Schwein

Zuerst lassen sie sexuell mächtig die Sau raus, aber dann kommt es, wie es kommen muß: Der Affe stellt fest, daß er am Schwein vor allem die knackigen Schinken mag. Die eher schlichte Denkungsart dieses Zeichens mißfällt ihm ebenso sehr wie dessen „primitive Genüsse" (mit Ausnahme von Sex, den mag der Affe ganz gern schön schweinisch). Außerdem stellt er fest, daß sein Schweinchen sich ganz schön von seinem Konto bedient. Dem Schwein kommt der Affen-Mensch nach einer kurzen Weile ziemlich unsympathisch vor: raffgierig, besserwisserisch und ein wenig krank im Kopf...
Kopf kontra Kotelett: Leonardo da Vinci (Affe) und Julie Andrews (Schwein)

FAMILIE? LÄSTIG, LÄSTIG...

Selbstverständlich muß ein Genie wie der Affe sich vermehren - er schuldet es seiner Nachwelt. Wie schade wäre es, wenn seine bedeutenden Gedanken und Gene auf immer verlorengingen? Und so sorgen Affen nicht nur mit affenartiger Geschwindigkeit für Nachwuchs - sondern sie ziehen ihn auch noch liebevoll auf. Schließlich sehen sie ja in ihren Kindern immer ein Stückchen von sich selbst weiterleben, die miesen Egozentriker. Zur Elternrolle: Nur zwei Affen-Eltern belasten sich gegenseitig in etwa gleich mit den Pflichten ihrer Erziehungsaaufgabe. Wenn aber ein Elternteil zu einem anderen, gutwilligen Zeichen gehört, so macht dieser die Drecksarbeit (Windeln wechseln, Brei kochen, kreischende Kinder beruhigen), während der Affe sich mehr der pädagogischen Theorie widmet. Besonders gut sind Affen-Eltern in einer Sache: beim Protzen mit den Geistesgaben ihrer liebenKleinen („Ist er nicht ein kleines Genie? Keine vier Jahre alt, und schon kann er das Telefonbuch auswendig!")

Wer viel lacht und viel weint,
wird sehr alt.

Klappe zu, Affe tot!

DIE GESUNDHEIT DES AFFEN

Das größte Gesundheitsproblem des Affen ist die Art und Weise, wie er sich ernährt. Wohl noch in Erinnerung an vergangene Tage in der grünen Hölle greift der Affe alles Eßbare ab, was in seine Nähe kommt. Im Dschungel mag das angehen: Banane, Papaya, Mango - Liane - Mango, Papaya, Tausendfüßler (Brrrrrr! Der war nicht mehr ganz frisch!) , Banane - Liane - Banane, Banane, Mango, Orchidee... Mhhh, lecker! Liane - usw.

Doch auch in unseren Breiten verputzen Affen alles Erreichbare. Das sieht dann so aus: *MacDonalds*-Pommes mit Majo, Hamburger, sechs Hühnerklöpschen mit Chinasoßé - *Zur Eisdiele* - Eisbecher, Milchshake, Cappucino - *Zum Griechen* - Gyros, Fritten, Tzatziki - *Ins Kino* - Mega-Eimer Popkorn, Eiskonfekt, diverse Lakritze - *Zur Pommesbude* - doppelte Currywurst mit Pommes - *Nach Hause* - Kartoffelchips mit Gurkenaroma, dreimal die Kugel... Sie verstehen?

Diese kreative Ernährungsweise führt beim erwachsenen Affen meist zu Magenschmerzen und Krämpfen, massivem Schwimmring um die Hüften und Verdauungsproblemen bis hin zum Durchfall,
Manche Affen leiden sogar unter Ernährungs-Manien: Sie futtern immer dasselbe. Der eine hat einen Doppelwhopper-Wahn, während der andere nicht ohne Spaghetti Bolognese leben kann. Besonders schar-

fe, zuckersüße oder fettige Köstlichkeiten stehen oben auf der Hitliste. Derart einseitige Ernährung verschärft aber die obengenannten Folgen.

Wenn man einen Affen auf diesen Punkt anspricht, bekommt man eine seltsame Antwort: Es gefällt ihnen so. Affen lieben alles an sich selbst - auch ihre gesundheitlichen Krisen.

Weitere Gesundheitsrisiken: Hautunreinheiten und allergische Reaktionen plagen den Affen, weil er sich zu wenig um sein körperliches Wohlbefinden kümmert. Affen sind Schadstoffe gleichgültig (vielleicht mögen sie den Chemie-Geschmack sogar).

Wenn Affen sich mehr ausruhen würden, wären sie gesünder. Leider verstehen Affen unter Erholung aber eine Diskothek ab 140 Phon. Bei geringeren Lautstärken in ihrer Freizeit oder an Wochenden sterben sie vermutlich augenblicklich an Reizmangel. Möglicherweise liegt in der übermäßigen Ruhe der Grund für das langsame Aussterben der Affen im Sauerland.

Weiter leiden Affen unter zu geringer Muskelentwicklung. Sie sollten angemessen trainieren, z.B. joggen, Tennis spielen, schwimmen oder radfahren. Leider hassen Affen Tennisschläger und Fahrräder. Stattdessen stürzen sie sich hin und wieder in Kraftstudios und builden ihren Body so überraschend (für denselben) und so intensiv, daß ihr ohnehin ziemlich defekter Korpus nur das Staunen und zahlreiche weitere Defekte bekommen kann - mit Vorliebe Muskelrisse und Bandscheibenvorfälle. Anschließend liegen Affen monatelang in orthopädischen Kliniken und lassen sich wieder reparieren. Der bleibende Eindruck: Sport ist Mord!

Weitere Hits auf der Krankheits-Skala der Affen: Migräne, kalte Füße, Kreislaufklabaster und Hämorrhoiden. Dazu Herzrhythmusstörungen, schlechte Zähne und Anfälligkeit für Erkältungen. Sagt das Chinahoroskop!

Die Gesundheitstips für Affen:

1. FdH! Oder besser Fnad! (Friß nicht alles durcheinander!) oder Fnid! (Friß nicht immer dasselbe!)
2. Überflüssig (er hört nicht mal auf den ersten!)
3. Sparen wir uns das!

Eine Kerze anzünden ist besser
als die Dunkelheit verwünschen.
(Chinesisches Sprichwort)

Wo, bitte, geht's zum Studio?

WIE DER AFFE AM BESTEN SEIN GLÜCK FINDET

Den Zenit seines Glücks erreicht der Affe, wenn er a) im Rampenlicht der Öffentlichkeit steht und b) dadurch etwas bewegen oder verkaufen kann. Nichts freut ihn mehr als wenn seine Worte staunende Beachtung finden oder seine Taten als Spitzenleistungen ins Buch der Rekorde gelangen. Vor Freude aus dem Häuschen ist der Affe, wenn er eine ganze Fußballmannschaft zugleich ausgetrickst hat oder eine komplette Kleinstadt auf einen seiner Streiche hereingefallen ist.

Die Tugend ist leicht wie eine Flaumfeder.

Weg da, jetzt komm ich!

WAS DEM AFFEN DEN WEG ZUM GLÜCK VERSPERRT

Erster und gefährlichster Knackpunkt: Kann der Affe die gefährliche Gratwanderung zwischen legaler Findigkeit und krimineller Irreführung auf Dauer leisten? Wird aus dem Trickser irgendwann ein Betrüger? Zuviel des Guten könnte den Affen seine Freiheit kosten! Weitere Störung des Seelenfriedens: Passivität finden Affen unerträglich. Hilflose Situationen, in denen die eigenen Möglichkeiten keine Rettung bringen und sie auf die Unterstützung anderer angewiesen sind, finden Affen zum Auswachsen. Auch gehen sie - typisch Primat - gern auf die sprichwörtliche Palme, wenn ihnen andere, intellektuell unbewegliche Menschen im Wege stehen. Dasselbe gilt für lahme Enten und geistige Kleingärtner...

Arm zu sein, ohne zu klagen, ist leichter,
als reich zu sein, ohne zu prahlen.

Man spricht nicht drüber - man hat es!

DER AFFE UND DAS GELD

Der Affe ist im Regelfall kein Verschwender, wenn auch dem Feuer-Affen die Scheine und Schecks manchmal ein wenig lockerer sitzen als seinen Kollegen. Affen regeln ihre Geldangelegenheiten mit der linken Hand und sind dennoch immer bei Kasse. Beneidenswert! Geldgeschäfte gehen ihnen von der Hand wie dem Bäcker das Brötchenbacken, und auch in diesem Bereich kennen Affen alle Zins- und Zinseszins-Finessen und jeden (fast) legalen Steuertrick.

Ein positiver Zug: So sehr Affen mit ihren geistigen Fähigkeiten oder mit originellen Accessoires protzen, so wenig neigen sie dazu, mit ihrem Besitzstand zu prahlen. Prolex-Uhren und Luxuskarossen mit Stern sind unter diesem Zeichen recht selten.

Auch geizige Affen sind selten. Blinde Habgier oder geifernde Geldgier bringen sie zum Erstaunen: Wie kann man sich nur zu einem solchen Tanz ums Goldene Kalb herablassen...

Mißtraust du einem Menschen, so stelle ihn nicht ein.
Stellst du ihn aber ein, so mißtraue ihm nicht.
(Ratschlag für chinesische Arbeitgeber)

KANN ALLES, DARF ALLES, WILL ALLES

DER AFFE IM BERUF

Er ist kein Überflieger wie der Drache oder das Pferd. Affen *können* arbeiten, und das hart und ausdauernd. Doch ist Arbeit für einen Menschen dieses Zeichens nicht Selbstzweck: Es kommt für sie vor allem darauf an, ob sich das Schwitzen lohnt. Für'n Appel und 'n Ei reißt sich ein Affe kein Bein aus. Dazu ist er einfach zu intelligent und sich seiner Qualitäten bewußt. Wenn er sich einsetzt, dann muß dabei auch etwas für ihn zu gewinnen sein. Dann unterwirft sich der Affe - ansonsten begeisterter Individualist - sogar der Gruppendisziplin, jedoch nur so lange, bis sein Ziel erreicht ist.

Der Affe kann sich diese anmaßende Haltung leisten. Vielseitig begabt, wie er ist, kann er in jedem Job Großtaten vollbringen.

Besonders gut agiert der Affe, wenn es etwas zu kaufen oder zu verkaufen gilt. Als Einkäufer handelt er nahezu unglaubliche Rabatte, Skonti und Gratiszugaben aus, als Verkäufer erzielt er Spitzenpreise und -umsätze, und seine Kunden glauben auch noch, das Schnäppchen des Jahrhunderts gemacht zu haben. Jede Firma mit Affen in der Vertriebsabteilung wird glänzende Umsätze machen. Am besten verkauft der Affe übrigens sich selbst. Deshalb bekleidet er immer eine gute Position - auch wenn er hin und wieder den Betriebskomiker spielt und einen wilden Affentanz abzieht.

Apropos Komiker: Nur allzu leicht lassen sich seine Gegner vom Bild des lustigen, ein wenig verrückten Affen täuschen. Vergessen Sie nie, daß Affen überaus strebsam und berechnend sein können und vermutlich gerade an Ihrem Stuhl sägen, wenn Sie über ihre Witze lachen. Die Kollegen eines Affen sollten bei aller Scherzhaftigkeit seiner Worte gut auf den Affen hören: Was er sagt, ist richtungweisend und besitzt Substanz!

Im Bereich Werbung und Public Relations sind Affen bestens aufgehoben - und ihre Kunden bei ihnen. Ein Produkt, für das ein Affe wirbt, erzielt zweistellige Zuwachsraten, eine Firma, die von einem Werbe-Affen beraten ist, tut gut daran. Schließlich weiß er auch für sich selbst ganz genau, was er will.

Wissen ist ein Schatz,
der seinen Besitzer
überallhin begleitet.

Ost und West im Alltagstest

KANN DER AFFE MIT DEM ZWILLING?

Wie wirken die Zeichen des chinesischen Mondkalenders mit den Tierkreiszeichen unseres Sonnenhoroskops zusammen? Was, wenn sich Affe und Widder in einer Person vereinen? Die zwölf möglichen Kombinationen für das chinesische Zeichen Affe:

Primat mit Dickkopf: Der Widder-Affe

Äußerlich beeindruckt seine für einen Widder sehr glatte und elegante Erscheinung, und er schwimmt geschickt in jedem Wasser mit. Seine Aggressivität vermag er zu kaschieren, die widdertypische Wahrheitsliebe vermasselt dem Affen manches Mal die Tour. Innerlich ist er immer ein feuriger, ziemlich wilder Affe, denn der Widder muß eben manchmal mit dem Kopf durch die Wand.

Netter Berggorilla: Der Stier-Affe

Dieser Affe ist ein meist friedlicher, gemütlich wirkender Zeitgenosse mit einem gewissen Maß an eingeschliffenen Gewohnheiten, der aber durch sein vertrauenerweckendes Äußeres um so bessere Chancen hat, seine linken Tricks an den Mann zu bringen. Keine Angst, er ist weniger hinterhältig als andere Affen, sondern im Grunde anständig. Für einen Affen verhält er sich unerwartet gesetzt und hartnäckig, für einen Stier beeindruckt er mit brillanten Einfällen, geschliffenen Manieren und einer überdurchschnittlichen Sprachbegabung.

Windbeutel: Der Zwillings-Affe

Ein sehr ernsthafter Mensch ist er nicht. Weder läßt dieser Luftikus günstige Gelegenheiten ungenutzt verstreichen, noch hält er je seinen Mund, wenn irgendwo ein Ohr in Sichtweite ist. Aus dem Luftzeichen Zwilling wird unter dem Yang-Einfluß des Affen ein Wirbelsturm, der viel Schaden anrichten kann, wenn er seine Kräfte mit böser Absicht einsetzt. Beherrschen ihn positive Energien, sprudelt er über vor Einfällen und produziert genug Ideen, um die Welt aus den Angeln zu heben. Nur die gespaltene Persönlichkeit des Zwillings bewahrt ihn davor, sich selbst aufs Podest des großen Schöpfers zu heben.

Verrücktes Haustier: Der Krebs-Affe

Dieser gefühlvolle und häusliche Affe kümmert sich lieber um Heim und Herd als sich außerhäusig durch den Urwald zu schwingen. Während sein Geld auf der Bank arbeitet, liegt er zu Hause in der Polstergarnitur und sichtet die Auszüge. So etwas nennt er Arbeit. Gern gestaltet er sein Eigenheim zur pompös-plüschigen Affenburg um und setzt dabei seine ebenso kuriosen wie praktischen Erfindungen in die Tat um: den rechnergesteuerten Bierflaschenöffner zum Beispiel oder die versenkbare Schrankwand...

King Lui: Der Löwen-Affe

Selten genug: Ein Löwe ist gut bei Kasse! Auch wenn die majestätische Grundhaltung des Löwen dem Affen viele Linkereien verbietet, sorgt der Affenanteil dieser Persönlichkeit dafür, daß die Kohlen stimmen - irgendwie. Dieses würdevolle Affentier verkneift sich die arroganten Seiten des Herrentiers und gibt sich gebieterisch und gnädig. Statt Beweise seiner Geistesgröße zu geben, verstreut der Löwen-Affe seine Gunst. Besonders unter den Jungfrauen (und -männern) seines Königreichs.

Organisiertes Verbrechen: Der Jungfrau-Affe

Dieser Affe ist ein sympathischer, mit Ideen und Sachwissen ausgestatteter Gelehrter oder Pionier, der Altes aus dem Effeff kennt und Neues einzuordnen weiß. Er mißt präzise, bewertet klug und stellt gewagte Hypothesen auf, die er aber auch belegen kann. Ergebnis: Nobelpreis! Doch wehe, wenn die kriminelle Energie mit ihm durchgeht! Im Nu baut er bestens organisierte Banden und Syndikate auf, die geschickt getarnt abkassieren....

Jedermanns Liebling: Der Waage-Affe

Es begann schon in der Kindheit: Alle wollten dieses niedliche und witzige Äffchen auf den Arm nehmen, und er schmuste mit jedem, der ihm Zuneigung schenkt. Auch heute mag er es, ungewöhnlich für einen Affen, nicht mit seinen Mitmenschen verderben. Er liebt das lockere Leben, seine Freunde, gute Gespräche und mag sich nicht besonders an eine Sache klammern. Seine Einfälle kommen und gehen, nur leider findet er vor lauter Partyterminen nicht die Zeit, sie zu realisieren. Hauptsache, alle finden ihn nett...

Frankensteins Affe: Der Skorpion-Affe

Hätte der verrückte Forscher einen Schimpansen oder Gorilla kreiert, so wäre es dieser. Das Produkt seiner fleißigen Bastelarbeit ist ebenso rach- wie vergnügungssüchtig, hinterhältig und egoistisch bis zum Exzess, wenn nicht Elementenkräfte (Wasser, Erde) es im Zaume halten. Das Wohlergehen anderer ist ihm gleichgültig, und zur Not bahnt er sich seinen Weg auch durch fremdes Terrain. Er hält alles für machbar und versucht auch, es zu realisieren. Feinde bekämpft er mit letzter Konsequenz - entweder er oder ich! In seiner Art ein ebenso irritierender wie faszinierender Mensch.

Meisterschuss: Der Schütze-Affe

Die zahlreichen Einfälle des Affen verlaufen nicht im Sande, sondern erhalten durch die Kräfte des Schützen eine präzise Richtung. Auch bezieht der Affe festere Standpunkte und wechselt seine Theorien nicht so häufig und spielerisch wie seine Verwandten. Die schützentypische Lust auf Neues bereichert ihn um Erfahrungen - Informationen, welche der Affe gewinnbringend einsetzt. Als Handlungsreisender oder Touristikunternehmer arbeitet dieser Affe besonders gern und effektiv.

Sanfter Orang? Der Steinbock-Affe

Wie der Orang-Utan in den Wäldern Borneos, so durchstreift dieser Mensch den Dschungel der Großstadt: Genau beobachtend, seine Möglichkeiten prüfend und im Hintergrund handelnd. Die Bühne ist nicht seine Sache, doch arbeitet er effektiv hinter den Kulissen. Von dort aus regelt er das Geschehen mit erstaunlichem Einfallsreichtum. Dominieren Steinbock-Einflüsse, so kann dieser Affe ganz schön dickschädelig und konventionell sein.

Herdentier: Der Wassermann-Affe

Vermutlich ist dieser Affe ein Pavian: Er liebt das Leben in der Horde, übernimmt gern die Rolle des Leittiers und führt seine Gefolgschaft auch immer zu den dicksten Kokosnüssen. Unterlegene Rivalen läßt er großmütig am Leben, gleichwertigen Gegnern springt er mit dem nackten Arsch... o, Pardon, dem roten Hinterteil seiner Art ins Gesicht. Stets neugierig und unruhig erforscht er neue Reviere und erfindet für sich und andere bisher unbekannte Werkzeuge und Hilfsmittel zum Bananenklau. Gefürchtet: seine Volksreden vor versammelter Horde („Liebe Weibchen, treue Gefährten, liebe Jungtiere, verehrte Senioren! Wir haben uns heute hier versammelt, um...")

Unwiderstehlich: Der Fische-Affe

Seelentiefe und strahlender Intellekt, ein wenig Verrufenheit und lebendige Lust - wer kann sich dieser Mischung schon verweigern. Der empfindsame Fisch nimmt dem Affen seine prahlerische Ader und stellt ihn dadurch um so auffälliger in den Vordergrund. Dieser Mensch strahlt nicht nur erotisch wie ein Leuchtturm, sondern besticht auch aus der Nähe durch eine Vielzahl von Eigenschaften: philosophische Gedanken, Zärtlichkeit, Einfühlungsvermögen, Ideenreichtum, selbstlose Hilfe... Nein, halt, da schaltet sich die Alarmanlage des Affen ein und ruft rechtzeitig nach der Polizei...

Mögest du in bewegten Zeiten leben!

DIE ZUKUNFT DES AFFEN

Was erwartet den Affen in den herannahenden Jahren der übrigen Tierzeichen? Werfen Sie einen Blick weit hinaus in die Zeit und lesen Sie die Geheimnisse Ihrer Zukunft im kommenden Jahrzehnt:

Im Jahr des Hundes 1994 · 2006

Aus Fehlern werden auch Affen klug. In diesem Jahr werden sie genügend Gelegenheit finden, Neues über sich und die Welt zu erfahren. Vieles wird dem Affen mißlingen, weil ihn seine Mitmenschen mit ihren Unzulänglichkeiten und lästigen Wadenbeißereien nerven. Im privaten Bereich wird der Affe mit Unzuverlässigkeit, launischen Partnern oder Familienmitgliedern zu kämpfen haben. Geld sollte er nur an wirkliche Freunde verleihen, doch wird er erst zum Ende dieses Jahres wissen, wer definitiv zu seinen Getreuen zählt.

Im Jahr des Schweines 1995 · 2007

Die Beweggründe, die dieses Jahr regieren, fallen für den Affen in die Kategorie primitiver Motive. Entsprechend schlecht behandelt ihn das Schwein in diesem Jahr. Es mag Spötter und Prahlhansel wie den Affen nicht sonderlich. Der Affe wird ständig in Streit verwickelt sein, unter Geldproblemen leiden oder sich mit langwierigen Erkrankungen herumschlagen müssen, wenn er zu seinen hohen Ansprüchen an sich und seine Umwelt steht. Nur wenn er Kompromisse macht, kehrt Ruhe ein. Ein Leidenschaftsdrama, an dem er oder sein Partner beteiligt sein kann, könnte ihn aus der Bahn werfen.

Im Jahr der Ratte 1996 · 2008

Ein gutes und ertragreiches Jahr für den Affen und seine Familie, denn die Ratte harmoniert bestens mit der Affenhorde. Der Affe gewinnt in diesem Jahr an Familiensinn und sozialem Bewußtsein auch für öffentliche Belange. Vielleicht wird er Abgeordneter oder Bundeskanzler oder wenigstens Vorsitzender in irgendeinem Verein. Weil die Ratte ein scharfes Auge auf alle finanziellen Transaktionen hat, klimpert es in der Kasse. So schnell, wie der Affe jetzt zu Geld kommt, kann er es gar nicht ausgeben.

Im Jahr des Büffels 1997 · 2009

In diesem Jahr ist die Beweglichkeit des Affen nicht sehr gefragt, denn der Büffel haßt windige Angelegenheiten. Mit seinen gewagten Plänen, Täuschungsversuchen und Winkelzügen wird der Affe so manches Mal auflaufen und Verlust machen. Da ihm alles schiefgeht, stellt der Affe sich in diesem Jahr oft die einzige Frage, welche sein Ich ankratzen kann: Bin ich ein Versager? Keine Angst, bessere Zeiten stehen ins Haus. Doch zuerst kommt die ganz große Krise...

Im Jahr des Tigers 1998 · 2010

Schlimmer geht's kaum noch. Der Tiger frißt den Affen oder anders gesagt: Dies ist kein Jahr, an das sich der Affe gern erinnern wird. Überall begegnen dem Affen Bedrohung und Nachstellung, und ihm bleibt nur eine Strategie: Täuschen, tarnen und verp... Pardon! ....verschwinden. Ständig wird er unterwegs sein, um Unannehmlichkeiten zu vermeiden. Auch Gesundheitsgefahren und Verletzungen drohen. Gegen die Übermacht und die Raubtierklauen des Tigers kann der Affe nichts tun als abwarten. Es sei denn, er stellt ihm eine geniale Falle...

Im Jahr der Katze 1999 · 2011

Noch immer keine sehr rosigen Zeiten in Sicht: Ein stilles Jahr, in dem Materialismus und Sarkasmus, beides Charaktereigenschaften des Affen, mit den tiefen und geheimnisvollen Beweggründen der Katze kollidieren. Der Affe kann allenfalls planen, vorbereiten und sich Strategien zurechtlegen - den Erfolg seiner Arbeit wird er in diesem Jahr nicht ernten. Immerhin friedliche 365 Tage...

Im Jahr des Drachen 2000 · 2012

Der Drache bringt für den Affen einige Sympathie auf: Also endlich wieder einmal ein Erste-Sahne-Jahr für die gebeutelten Primaten, die im Zeichen des Affen geboren sind? An sich schon, aber für Vollblut-Affen mit Einschränkungen. Denn Drache und Affe begeistern sich leicht und planen sich dann nur allzuleicht um Kopf und Kragen. Leider fehlt beiden die Diplomatie, um einen fruchtbaren Boden für ihre Saat zu finden. Das kann den Affen in diesem Jahr Zeit, Geld und Nerven kosten, bringt aber vielleicht in näherer Zukunft Erfolg.

Im Jahr der Schlange 2001 · 2013

In diesem Jahr wird der Affe von vielen Seiten Unterstützung finden und erfolgreich sein können, wenn er sich Konfliktpunkte vermeidet. Denn das Jahr der Schlange ist keine Zeit für Streit und Auseinandersetzungen. Die Reaktionen auf spitze Bemerkungen oder satirische Sticheleien können im Jahr der Schlange recht giftig ausfallen. Wenn es dem Affen schwerfällt, sein freches Mundwerk zu halten, wird er an allen Fronten zu kämpfen haben: Beziehungsknatsch, Kollegenstreß und womöglich sogar Ärger mit der Justiz stehen ins Haus. Das könnte an die Nieren gehen! Achten Sie auf Ihre Gesundheit!

Im Jahr des Pferdes 2002 · 2014

Den Affen sticht der Hafer, aber er sollte vorsichtig sein: Eine Bank im Park, ein Liegestuhl am Strand oder ein Barhocker in der Stammkneipe - Orte, die er in diesem Jahr aufsuchen sollte. Nichts wird im zuträglicher sein als gelassene Ruhe, und nichts wird ihm mehr Ärger bereiten als kopflose Hektik oder sture Durchhalteparolen. Ein bestimmter Feind ist in diesem Jahr einfach nicht zu schlagen, und der Affe sollte seine Kräfte schonen und der Krise aus dem Wege gehen. Reichtümer wird er ebenfalls nicht erwerben - eher seinen Schuldenberg vergrößern...

Im Jahr der Ziege 2003 • 2015

Verwicklungen der unangenehmen Art stehen ins Haus: unzufriedene Gäste, zögerliche Liebespartner, lästige Wehwehchen, defekte Zylinderkopfdichtungen und kostenintensive Extratouren. Und das alles in einer so chaotischen Abfolge, daß der Affe den Überblick verliert. Auch der Kontostand macht mit: Das Geld geht heraus, wie es hereinkommt. Es ist zum Heulen - aber so geht das Jahr der Ziege eben mit Affen um.

Im Jahr des Affen 2004 • 2016

Das Jahr für den großen Affentanz! In diesen zwölf Monaten kann der Affe reich, beliebt, berühmt und in jeder Hinsicht erfolgreich werden! Alles müßte bestens laufen, aber manche Affen tricksen sich im Hochgefühl ihrer Fähigkeiten selber aus. Ergebnis: Zuviele Projekte auf einmal, zuviel Streß, zuviel Ärger mit Hinz und Kunz, die dem Affen den Erfolg neiden. Achten Sie in diesem Jahr auf Ihr gesundheitliches Wohlbefinden! Und auf Ihre Geldbörse, denn selbst unfähige Dumpfmoser werden in dieser Zeit zu gerissenen Trickbetrügern.

Im Jahr des Hahnes 2005 • 2017

Nicht, daß der Affe in diesem Jahr nicht erfolgreich sein könnte. Jedoch ist sein Gewinn nur mit größerem Aufwand zu realisieren. Manchmal wird der Affe ganz schön aus der Puste sein und nur den berühmten Apfel und das zugehörige Ei in Händen halten. Auch wird er womöglich das Gefühl haben, daß ihm die Zeit zwischen den Händen zerrinnt. Zudem muß er mit in jeder Hinsicht bestens vorbereiteter Konkurrenz kämpfen: im Geschäft, in seinem Freundeskreis und in der

Liebe. Angebote zur Zusammenarbeit sollte er nicht ausschlagen, weil sie ihm Kräfte sparen helfen.

PROMINENTE AFFEN

Metall

Gustav Mahler - Komponist - 7.7.1860
Federico Fellini - Regisseur - 20.1.1920
Johannes Paul II. - Papst - 18.5.1920
Yul Brynner - Schauspieler - 11.7.1920
Charlie Parker - Jazzmusiker - 29.8.1920
Walter Matthau - Schauspieler - 1.10.1920
Montgomery Clift - Schauspieler - 17.10.1920

Feuer

Howard Hawkes - Regisseur - 30.5.1896
F. Scott Fitzgerald - Schriftsteller - 21.9.1896
Buster Keaton - Komiker - 4.10.1896
Björn Borg - Ex-Tennisstar - 6.6.1956

Wasser

Leonardo da Vinci - Maler - 15.4.1452
Francois Truffaut - Regisseur - 6.2.1932
Milos Forman - Regisseur - 18.2.1932
Edward Kennedy - Politiker - 22.2.1932
Elizabeth Taylor - Schauspielerin - 27.2.1932
John Updike -Schriftsteller - 18.3.1932
Anthony Perkins - Schauspieler - 4.4.1932
Omar Sharif - Schauspieler - 10.4.1932
Jayne Mansfield - Sexsymbol - 19.4.1932
Peter O'Toole - Schauspieler - 2.8.1932
Louis Malle - Regisseur - 30.10.1932
Little Richard - Rockmusiker - 25.12.1932

Erde

Otto Lilienthal - Flugpionier - 23.5.1848
Paul Gauguin - Maler - 7.6.1848
Rex Harrison - Schauspieler - 5.3.1908
Joan Crawford - Schauspielerin - 23.3.1908
Bette Davis - Schauspielerin - 5.4.1908
Herbert von Karajan - Dirigent - 5.4.1908
James Stewart - Schauspieler - 20.5.1908
Salvador Allende - chilenischer Sozialist - 26.7.1908

Holz

Theodor Heuss - Ex-Bundespräsident - 31.1.1884
Harry S. Truman - Ex-Präsident - 8.5.1884
Diana Ross - Sängerin - 26.3.1944
Joe Cocker - Rockmusiker - 20.5.1944
Helmut Berger - Schauspieler - 29.5.1944
Geraldine Chaplin - Schauspielerin - 31.7.1944
Reinhold Messner - Bergsteiger - 17.9.1944
Michael Douglas - Schauspieler - 25.9.1944

1906	*Feuer*	Pferd	25. Jan. 1906 - 12. Feb. 1907
1907	*Feuer*	Ziege	13. Feb. 1907 - 2. Feb. 1908
1908	*Erde*	Affe	3. Feb. 1908 - 21. Jan. 1909
1909	*Erde*	Hahn	22. Jan. 1909 - 9. Feb. 1910
1910	*Metall*	Hund	10. Feb. 1910 - 29. Jan. 1911
1911	*Metall*	Schwein	30. Jan. 1911 - 17. Feb. 1912
1912	*Wasser*	Ratte	18. Feb. 1912 - 5. Feb. 1913
1913	*Wasser*	Büffel	6. Feb. 1913 - 25. Jan. 1914
1914	*Holz*	Tiger	26. Jan. 1914 - 13. Feb. 1915
1915	*Holz*	Katze	14. Feb. 1915 - 2. Feb. 1916
1916	*Feuer*	Drache	3. Feb. 1916 - 22. Jan. 1917
1917	*Feuer*	Schlange	23. Jan. 1917 - 10. Feb. 1918
1918	*Erde*	Pferd	11. Feb. 1918 - 31. Jan. 1919
1919	*Erde*	Ziege	1. Feb. 1919 - 19. Feb. 1920
1920	*Metall*	Affe	20. Feb. 1920 - 7. Feb. 1921
1921	*Metall*	Hahn	8. Feb. 1921 - 27. Jan. 1922
1922	*Wasser*	Hund	28. Jan. 1922 - 15. Feb. 1923
1923	*Wasser*	Schwein	16. Feb. 1923 - 4. Feb. 1924
1924	*Holz*	Ratte	5. Feb. 1924 - 23. Jan. 1925
1925	*Holz*	Büffel	24. Jan. 1925 - 12. Feb. 1926
1926	*Feuer*	Tiger	13. Feb. 1926 - 1. Feb. 1927
1927	*Feuer*	Katze	2. Feb. 1927 - 22. Jan. 1928
1928	*Erde*	Drache	23. Jan. 1928 - 9. Feb. 1929
1929	*Erde*	Schlange	10. Feb. 1929 - 29. Jan. 1930
1930	*Metall*	Pferd	30. Jan. 1930 - 16. Feb. 1931
1931	*Metall*	Ziege	17. Feb. 1931 - 5. Feb. 1932
1932	*Wasser*	Affe	6. Feb. 1932 - 25. Jan. 1933
1933	*Wasser*	Hahn	26. Jan. 1933 - 13. Feb. 1934
1934	*Holz*	Hund	14. Feb. 1934 - 3. Feb. 1935
1935	*Holz*	Schwein	4. Feb. 1935 - 23. Jan. 1936
1936	*Feuer*	Ratte	24. Jan. 1936 - 10. Feb. 1937
1937	*Feuer*	Büffel	11. Feb. 1937 - 30. Jan. 1938
1938	*Erde*	Tiger	31. Jan. 1938 - 18. Feb. 1939
1939	*Erde*	Katze	19. Feb. 1939 - 7. Feb. 1940
1940	*Metall*	Drache	8. Feb. 1940 - 26. Jan. 1941
1941	*Metall*	Schlange	27. Jan. 1941 - 14. Feb. 1942
1942	*Wasser*	Pferd	15. Feb. 1942 - 4. Feb. 1943
1943	*Wasser*	Ziege	5. Feb. 1943 - 24. Jan. 1944
1944	*Holz*	Affe	25. Jan. 1944 - 12. Feb. 1945
1945	*Holz*	Hahn	13. Feb. 1945 - 1. Feb. 1946
1946	*Feuer*	Hund	2. Feb. 1946 - 21. Jan. 1947
1947	*Feuer*	Schwein	22. Jan. 1947 - 9. Feb. 1948
1948	*Erde*	Ratte	10. Feb. 1948 - 28. Jan. 1949
1949	*Erde*	Büffel	29. Jan. 1949 - 16. Feb. 1950
1950	*Metall*	Tiger	17. Feb. 1950 - 5. Feb. 1951
1951	*Metall*	Katze	6. Feb. 1951 - 26. Jan. 1952
1952	*Wasser*	Drache	27. Jan. 1952 - 13. Feb. 1953
1953	*Wasser*	Schlange	14. Feb. 1953 - 2. Feb. 1954
1954	*Holz*	Pferd	3. Feb. 1954 - 23. Jan. 1955
1955	*Holz*	Ziege	24. Jan. 1955 - 11. Feb. 1956